RECUEIL

DE

POÉSIES

DE

DELARBRE aîné

AUX VERNATTES, COMMUNE DE BOFFRES

(ARDÈCHE)

Première livraison.

VALENCE
Imprimerie et lithographie Ch. Chaléat, rue St-Félix
—
1871
Tous droits réservés.

RECUEIL

DE

POÉSIES

DE

DELARBRE aîné

AUX VERNATTES, COMMUNE DE BOFFRES

(ARDÈCHE)

Première livraison.

VALENCE
imprimerie et lithographie Ch. Chaléat, rue St-Félix

1871

Tous droits réservés.

PRÉFACE

Les pièces qu'on va lire n'étaient pas destinées au grand jour de la publicité; elles n'ont été livrées à l'impression que sur les instances pressantes d'un grand nombre de mes compatriotes. Ce sont des vers sortis de la plume et du cerveau d'un cultivateur, inspirés surtout par le spectacle des vices et des ridicules qui infestent notre société. S'ils ne paraissent pas indignes du but qu'ils doivent atteindre, qui est de récréer quelques instants ceux qui les liront, j'en ferai paraître une deuxième livraison dès que la première sera écoulée.

Salut et fraternité.

DELARBRE aîné.

LE NATUREL DE MON JEUNE AGE
(1835)

Oui, c'est le naturel qui peut faire un poète,
Non pas l'instruction ; car dans sa maisonnette,
Le moindre laboureur, muni de son bon sens,
Peut trouver quelquefois des vers intéressants.

On trouve donc en moi ce don de la nature,
Ce beau présent des cieux à l'homme sans culture ;
Car étant jeune encor je sentais s'allumer
Mon cœur d'un certain feu qui venait l'enflammer.
Je n'avais pas quinze ans que mon âme saisie
Jour et nuit sans repos rêvait la poésie,
Et quand j'étudiais devant les magisters,
A la prose toujours je préférais les vers.
Un goût supérieur, surtout pour la lecture,
Faisait tous mes désirs, comme pour l'écriture.
Aussi plusieurs gamins, jaloux de mon savoir,
M'insultaient à l'envi du matin jusqu'au soir.
Chaque jour ma raison augmentait avec l'âge ;
Mais un travail pénible alors fut mon partage ;
Ma place n'était pas d'être cultivateur,
N'étant pas assez fort pour faire un laboureur.
J'aurais bien désiré poursuivre mes études,
Pour quitter des travaux que je trouvais trop rudes ;
Mais les écus manquaient ; en même temps l'amour
Vint troubler mon repos dans mon heureux séjour.

Dans ma joyeuse ivresse, enchanté d'une brune
Je vis à mes beaux jours succéder l'infortune.

Je sentis les revers, et ces malheureux jours,
Quoiqu'aujourd'hui meilleurs, m'attendrissent toujours.
Il est vrai que j'attends un avenir prospère;
Mais toujours il me semble entendre mon vieux père
Me dire avec raison qu'on ne doit pas sentir
Un espoir de bonheur qui peut s'anéantir.
Cependant si le ciel me devient favorable,
Que je puisse jouir d'un avenir passable,
Tout mon temps de loisir sera décidément
Seul à la poésie employé fixement.

Mais quoi ! ne sais-je pas qu'il vaudrait mieux me taire,
Puisque je ne connais ni français, ni grammaire?
D'ailleurs tant de travaux dont il faut m'occuper
Empêchent mon esprit de se développer.
Et puis, quoi qu'il en soit, on sait bien qu'une rime,
Hors de son réglement, ne vaut pas un centime.
Aussi Voltaire a dit qu'un ouvrage parfait
Ferait donner au diable avant de l'avoir fait.
Comment donc faire alors pour plaire à tout le monde ?
Quand l'un trouve passable un autre est là qui gronde,
Et qu'un troisième enfin refuse d'en juger,
Un quatrième est là pour me décourager.
Cependant quand je vois au *Courrier de la Drôme*
Qu'on parle de mes vers (je veux dire d'un homme
Du canton de Vernoux) je sais que c'est de moi,
Au sujet d'un sonnet que j'avais fait au roi.

Je reprends donc ici ce que je viens de dire,
Qu'à l'abri du public l'on ne peut rien écrire,
Qu'on a beau ménager et l'athée et le saint,
L'impie et le dévôt, toujours quelqu'un se plaint.
D'ailleurs pour ménager le chou comme la chèvre,
La brebis et le loup, le chasseur et le lièvre,

La poule et le renard, le maître et le fermier,
Ma foi, c'est impossible, on se fait décrier :
Si l'on parle trop haut de Jean ou de sa femme,
L'on est sûr d'offenser ou Monsieur ou Madame ;
Si l'on se loue un peu de quelque bon auteur,
Disant qu'il a bien fait, on est alors flatteur ;
Si l'on dit à quelqu'un qu'il n'est pas à sa place,
De cinq ou six duels bientôt il vous menace ;
Voulez-vous raisonner sur les travaux de l'art,
On le prend à rebours ou de mauvaise part ;
Si vous n'en dites rien on vous appelle un crâne,
Un sot, un sourd-muet, un imbécile, un âne.

Enfin je dis encor, ce que plus haut j'ai dit,
Qu'on ne peut contenter le grand et le petit.

LA BARBARIE
(1840)

Je vais dire deux mots contre la barbarie
Contre qui sans repos je m'élève et je crie,
Puisqu'on la voit encor régner de tous côtés ;
L'histoire que voici prouve ses cruautés :

Je parcourais Vernoux (l'an mil huit cent quarante)
Où l'on établissait cette vogue brillante,
Vers la fin de juillet, laquelle tous les ans
Attire audit Vernoux beaucoup de jeunes gens.
On y donne des prix au plus fort qui les gagne ;
L'exercice aux enfants, c'est un mât de cocagne,
La course, puis la danse, et la cible avant tout ;
Enfin chacun s'amuse et va selon son goût.

Mais ce n'est pas encor ce que je voulais dire :
C'est un autre sujet, duquel vous pouvez rire,
Ou même vous moquer, comme il vous conviendra,
Mais moi je n'en ris pas ; s'en moque qui voudra.

   Voici ce que je vis : Parmi la populace,
L'on attachait un coq sur une grande place,
Et puis à coups de pierre, à qui l'attraperait,
D'environ quinze pas, ce coq appartiendrait.
Je vis avec mépris cette action barbare,
Dont on s'amusait là pour un plaisir bizarre.
L'autorité jamais ne devrait applaudir
A ces sortes de jeux qu'il faudrait abolir.
C'était vraiment pitié de voir à cette fête
Le pauvre coq saignant des pieds jusqu'à la tête,
Durant une heure au moins luttant avec la mort,
Poussant des cris plaintifs jusqu'au dernier effort.
Mais ce ne fut pas tout : pour rire davantage,
Un second plumé vif subit le même usage.
Ah ! tigres, leur disais-je, Ah ! bourreaux inhumains.
Tuez-les au plus tôt de vos féroces mains !
Je ne vis pas la fin de cette scène horrible,
Qui pour moi ne fut pas une fête risible.
Je voulus raisonner, et l'on me dit : Ma foi,
Ce ne sont que des coqs, en se moquant de moi.

   Plus tard je conduisis au hameau d'Alboussière,
Un jeune veau, bien gras, qu'on saisit au derrière,
Et que sans m'écouter, lui perçant le jarret,
On pendit tout vivant, tête en bas, au crochet.
Cela me fit horreur, et sans oser rien dire,
Je quittai la maison, bien résolu d'écrire
Dans mon cahier de vers l'histoire de mon veau,
Victime d'un boucher ou plutôt d'un bourreau.
Car que n'abrégeait-il sa souffrance au plus vite,

En lui donnant d'un coup la mort la plus subite ?
Mais il ne le fit pas ; au contraire il chantait,
Tandis qu'avec la mort l'animal combattait.

Tels on a vu jadis nos aïeux méprisables
Se comporter ainsi, même avec leurs semblables :
Le crucifix, le pal, la roue et le bûcher
Etaient pires encor que le susdit boucher.

LA MENDICITÉ

A M. le Préfet de l'Ardèche.

(1844)

Cette mendicité que partout l'on abhorre,
Pourquoi dans nos quartiers existe-t-elle encore ?
Pourquoi ce vil métier, cet abrutissement
Cause-t-il au pays tant de désagrément ?

On dit avec raison que c'est dans les montagnes
Que ce mal se répand, surtout dans les campagnes,
Que c'est bien malheureux d'y voir souffrir de faim
Ce vieillard décrépit qui va tendre la main,
Ainsi que ces enfants presque nus, en bas âge,
D'un si mauvais métier faire l'apprentissage ;
Qu'il vaudrait beaucoup mieux souscrire quelqu'argent
Et d'un commun accord assister l'indigent ;
Mais si le mendiant ne veut pas en démordre,
Comment donc empêcher cette erreur, ce désordre,
A moins de repousser ces jeunes fainéants
Qui ne sont bons à rien qu'à faire des enfants,
Et tous ces étrangers dont le vagabondage

Entraîne bien souvent à quelque brigandage ?
J'ai vu chez moi parfois en coucher quatre ou cinq ;
Dans les bonnes maisons, souvent, ils y sont vingt.
On les héberge tous, c'est bien fait, mais, peut-être
Que ce sont des voleurs qu'on ne peut reconnaître,
A quoi s'exposent-ils ces charitables gens ?
A se voir le jouet de ces faux indigents ;
Car nous savons bien tous qu'un marchand d'allumettes
Fût arrêté, là-haut, tout près de Famourettes,
Pour avoir, dans la nuit, dérobé le cheval, —
Assez adroitement, — du sieur Régis Arsal.
Et d'autres faits pareils : Enfin c'est détestable,
Révoltant, ridicule, injuste, impardonnable,
Que tous ces hommes forts perdent ainsi leur temps
Pour aller mendier à la fleur de leurs ans !
Que chaque pauvre donc reste dans sa commune,
S'il veut être assisté selon son infortune.
Nous n'avons pas besoin de donner notre bien
Au valide inconnu : nous ne lui devons rien.
D'ailleurs toutes les fois qu'il demande l'aumône,
Ce n'est qu'au nom de Dieu qu'il veut qu'on la lui donne,
Et c'est mal à propos, le bon sens en est loin,
Dieu ne l'exige pas, il n'en a pas besoin.

Ah, Monsieur le préfet ! serait-il impossible
De nous voir alléger de ce fardeau pénible ?
Quoi que puisse coûter un établissement,
Fût-ce dans le canton, fût-ce au département,
Que chacun se prêtât pour avoir des hospices,
L'on n'aurait jamais fait de trop grands sacrifices.
Enfin, aidons-nous tous et peut-être on verra
Cet établissement dont tout profitera.

LES MŒURS ET LES VICES

(1846)

L'homme n'est pas toujours tout ce qu'il voudrait être,
Car de ses passions il n'est pas souvent maître,
Il faut qu'il obéisse à son mauvais destin.
Tel est presque partout le sort du genre humain.
Jamais de son penchant il ne peut se défendre,
A son ardent désir toujours il doit se rendre :
S'il résiste le soir à son illusion,
Il cède le matin à la tentation.
On voit chez les plus grands les plus grandes faiblesses,
Et chez les plus instruits de honteuses bassesses ;
D'autres nobles seigneurs habitant des palais
Quitter le bon chemin pour prendre le mauvais.
Eh bien, tous ces gens-là connaissent bien leurs vices,
Qu'une passion folle entraîne aux précipices :
Le voleur connaît bien qu'il commet un forfait
En volant son voisin, et pourtant il le fait ;
L'ivrogne dont le vin a dégonflé la bourse
Boit toujours tant qu'il peut quoi qu'il soit sans ressource.
Le plaideur acharné qu'ont ruiné vingt procès
Croit encor du suivant obtenir le succès ;
L'avare et l'usurier chez qui tout surabonde
Seraient bien plus contents de n'avoir rien au monde ;
Le riche ambitieux qui jouit trop de bien
Se tracasserait moins s'il ne possédait rien ;
Le sensible amoureux de qui le cœur est tendre
Voudrait bien à l'amour ne pas se laisser prendre ;
Le jaloux emporté qui traduit son rival

Devant les tribunaux connaît bien qu'il fait mal ;
Celle de qui le sort est de servir de femme
A tout homme venu, sait très bien qu'on la blâme,
Et le volage amant épris d'un fol amour
Connaît bien qu'il s'expose à quelque mauvais tour.
Mais à quoi cela sert de connaître ses vices,
Si l'on ne parvient pas à dompter ses caprices ?
Il vaudrait bien autant laisser suivre le cours
A notre passion qui domine toujours ;
Car si les *plût-à-Dieu* de nos fautes commises,
Ou bien le repentir guérissaient les sottises,
A quoi souvent trop tard l'on fait réflexion,
L'on n'aurait pas besoin de la confession.
Car je ne conçois pas combien le peuple est bête,
Que rien ne puisse entrer dans sa mauvaise tête,
Grossier, peu raisonnable et médisant d'autrui,
En tenant des propos qui retombent sur lui.
La femme notamment un peu trop babillarde
Sans rien examiner (surtout la campagnarde),
A force de parler pour couvrir son méfait,
Voici ce qu'elle dit et puis ce qu'elle fait :
« Moi je ne ferais pas ce que fait ma voisine,
« Disait la sœur de Paul tant soit peu libertine ;
« Elle mérite bien quinze jours de prison
« Pour avoir introduit Colin dans sa maison ».
Cependant hier au soir, elle dans sa chambrette
Reçut Jacques et Joseph dans son lit d'amourette !
Elle ne pensait plus à ce qu'elle avait fait ;
Pourtant de sa voisine elle était le portrait.
Ce n'était pas un mal, mais il ne faut rien dire
Qui blâme ses égaux quand on en fait de pire:
On repasse très bien les défauts de chacun
Mais quant à ceux qu'on a l'on en compte pas un.

Enfin, j'en suis encore à ce que la faiblesse
Entraînera toujours l'homme dans sa mollesse :
Les voleurs voleront, le plaideur plaidera,
Et le buveur, aussi, boira quand il pourra.

ÉPITRE A M. GENTHIAL
Notaire à Vernoux (1850).

Merci, Monsieur Genthial, de votre complaisance
De m'avoir échangé, de la Banque de France,
L'effet de cinq cents francs qui me vient de Paris
Pour des graines de pin, de quoi je suis commis.

   Vous dites bonnement que pour votre salaire
Quelques vers suffiront : c'est bien facile à faire.
Combien en voulez-vous ? quatorze, seize, vingt,
Pour notre président ou bien pour Henri cinq ?
J'ignore votre goût ; peut-être l'un ni l'autre,
Auriez-vous à choisir, ne serait pas du vôtre !
Quant à moi, dussiez-vous me trouver un grand tort,
Je me range toujours du parti le plus fort ;
Jadis pour Cavaignac, Ledru-Rollin ensuite
Peut-être m'aurait plu s'il n'eut pas pris la fuite.
A présent je ne sais à qui me dévouer ;
Les temps sont trop mauvais d'abord pour l'avouer.
Car comment oser dire un mot de politique
Puisque l'on veut tuer bientôt la République ?
Et comme les Français sont maquignons de rois,
Qui pourrait deviner duquel ils feront choix !
Tous nos gouvernements ont si peu de durée
Qu'on prévoit leur sortie avant que leur entrée ;

Car depuis Louis seize aucun roi citoyen
N'a pu rester vingt ans du peuple le soutien.

 Or, à qui que ce soit de gouverner la France,
Soit blanc, soit rouge ou bleu je jure obéissance ;
Car tout jeune on m'apprit qu'au grand Napoléon
Il fallait obéir, et respecter son nom,
A Louis-Stanislas j'obéissais encore,
Quoi qu'il nous eût privés du drapeau tricolore ;
Ensuite à Charles dix qu'on tenait pour suspect
Je témoignai toujours un honnête respect.
Plus tard à d'Orléans qu'on prit sans le connaître
Je fus soumis aussi comme je devais l'être,
Et quant au Président, n'obéis-je pas bien ?
Que me reproche-t-on puisque je n'en dis rien ?
Il est vrai qu'en parlant des affaires de Rome
J'ai dit qu'on avait cru de voter pour un homme,
Et qu'on avait voté seulement pour un nom
Qui d'un autre homme rare avait pris du renom.
Qu'ainsi dorénavant on mette sur le trône
Un chien, un chat, un loup coiffés de la couronne,
Si je n'obéis pas comme j'ai toujours fait,
Qu'on me prépare, enfin, un châtiment complet.

Pardon, Monsieur Genthial, peut-être je m'écarte,
Peut-être vous direz que j'ai perdu la carte
En raisonnant ainsi ; mais veuillez m'excuser,
Car ce galimatias n'est que pour amuser.

LES ÉLECTIONS
(1850)

On vit, le treize mai, le lis contre la rose,
Dans mille endroits divers chacun plaider sa cause,
Je veux dire au sujet de nos élections
Qui causèrent partout tant de discussions.
On sait d'abord qu'à Boffre, où la concorde existe,
Nous étions tous d'avis d'avoir la même liste,
Hormis un opposant qui dit que Valadier
Vaudrait mieux que Glaizal, que Laurent et Combier.
Là chaque citoyen écoutait sans rien dire,
Même quelqu'un d'entr'eux se permettait d'en rire,
Quand une jeune voix avec celle d'un vieux
Se tinrent des propos un peu trop sérieux.
Et puis étonnez-vous que dans les grandes villes
On soit souvent surpris par des guerres civiles,
Puisque dans ce village il s'en fallait de peu
Que quelques auditeurs n'allumassent leur feu;
Et si non plus qu'alors aucun de nous ne bouge
Nous verrons écraser bientôt le parti rouge,
Redresser l'échafaud, où Frédéric Sonier
Est sûr, sans contredit, de monter le premier.
Puis le jeune Blaizac, ensuite le poète :
De ces trois-là, les blancs vont faire chambre nette.
Vous donc, qui de renom êtes Républicains,
Défendez vos amis contre ces sacristains,
Noirs à l'extérieur, mais blancs jusque dans l'âme;
Qu'ils cessent leurs projets, j'ose dire leur trame.
Mais il faut, avant tout, qu'un décret soit rendu,

Que sous peine de mort il leur soit défendu
De prononcer en chaire un mot de politique,
De se mêler en rien de notre République.
Car tant que nous aurons des prêtres et des rois,
Nous ne pourrons jamais profiter de nos droits,
Et tant qu'on nommera de ces trop riches membres
Pour gouverner l'Etat et diriger les Chambres,
Que la France, en un mot, aura tant de partis,
Toujours les gros, toujours, mangeront les petits.

UNE AVENTURE

(1852)

Je ne m'attendais pas, mon très cher ami Bret,
A l'honneur imprévu que ta muse m'a fait,
Et vraiment je voudrais à tes vers rhétoriques
Répondre librement en rimes politiques.
Mais avec ces mouchards, cause de mes écrits,
Je risque à tous moments, par eux, de me voir pris ;
Surtout à cette époque avec l'état de siége
Ils ne manqueraient pas de me dresser un piège
Qui me ferait conduire au fond d'un noir cachot,
Si contre le pouvoir j'osais dire un seul mot.
Cependant si j'étais, et jeune et sans famille,
Je préférerais bien d'entrer dans la Bastille
Que de rester muet ; au moins là j'écrirais
De mon opinion tout ce que je voudrais.
Mais ce n'est pas mon temps, il faut que l'heure sonne,
Que le volcan s'allume et que le canon tonne ;
En attendant, j'adhère et j'applaudis à tous.

Je jappe avec les chiens, je hurle avec les loups ;
Même si quelqu'un veut qu'un frac soit une veste.
J'écoute et j'en conviens sans aucune conteste ;
Si je suis en voyage avec quelque bigot,
Je veux tout ce qu'il veut, j'imite le dévot ;
Je ne m'expose pas comme le fit mon frère
Une nuit en voiture, allant à Largentière,
Qui faute d'avoir fait le signe de la Croix,
D'un malin desservant fut insulté vingt fois.
Si j'avais été là, j'aurais, sans nulle crainte,
Contre ce vieux corbeau vite porté ma plainte,
En prenant à témoins cochers et conducteurs;
Car il fut menacé de tous les voyageurs,
Pour avoir essayé, loin de respecter l'ordre,
D'exciter contre lui tous ses chiens à le mordre,
A moins qu'il n'acceptât une religion
Indigne selon lui de son attention.

Si donc tous ces gens-là, que l'univers contemple,
A tout le peuple fou montraient un tel exemple,
Il faudrait une escorte, ou ne plus voyager,
Ou risquer chaque jour de se faire égorger ;
Car ils sont comme nous : leur vice ou leur faiblesse
Dans les plus noirs forfaits les entraîne sans cesse.

Entr'autres ce Marlheins, vicaire à Chalancon,
Duquel tous les journaux ont publié le nom;
Voleur de huguenots, surtout de cette fille
Qui demeura longtemps cachée à sa famille :
Que voulait-il en faire ? On le sait bien assez,
A voir ses jugements, comme ils se sont passés !
Ah ! si je n'étais pas, comme elle, un hérétique,
Que j'eusse le bonheur d'être né catholique,
Je ne craindrais pas tant ni les loups, ni les chiens,

Car je n'aurais pas peur d'être mordu des miens.
Mais n'ayant rien à voir à l'Eglise romaine,
Où la confession supprime toute peine,
On va dire, de moi, que je suis un damné
Et qu'aux feux éternels je serai destiné.
Eh bien, tant pis pour moi, il faut, quoi qu'on en dise,
M'étendre encore un peu sur la même devise.
L'histoire de mon frère a causé tout cela ;
Mais écrivons toujours : je ne m'en tiens pas là.
Je vais à ce sujet te raconter la mienne,
Qui peut bien figurer ici près de la sienne.
La voici : Certain jour de brouillards un peu gris,
Je voyageais à pied dans le même pays.
Par un maudit hasard, je manquai la voiture,
Et j'étais fatigué, lorsque par aventure,
Deux jeunes voituriers en partant d'Aubenas,
Me dirent de monter sur leurs chars quelques pas.
J'acceptai volontiers cette œuvre charitable,
En les remerciant de leur offre agréable,
Quand une chapelette, à côté du chemin,
Nous invita tous trois au mystère divin.
Comme eux je descendis pour prendre l'eau bénite,
Comme eux au tronc sacré j'introduisis ma pite,
Comme eux je fis très bien le signe de la croix
Devant cette relique ou de cire ou de bois.

Or, durant ce temps-là, les chevaux cheminèrent,
Privés de conducteur, leurs voitures versèrent :
L'un d'eux fut éreinté, l'autre eut le cou tordu,
Les tonneaux enfoncés, le vin fut répandu.
Et puis adorez bien toutes ces fausses vierges
Qu'on entoure toujours de lampes ou de cierges !
Enfin, cet accident me rendit tout confus,
Et pour aller à pied, je fis comme je pus.

Eh bien, mon cher ami, cette mauvaise histoire
Ne part pas d'un menteur : ainsi tu peux y croire.
Pensera qui voudra que ce soit inventé :
Je soutiendrai toujours que c'est la vérité.

A Monseigneur l'évêque de ***
(1870)

Savez-vous, Monseigneur, combien le peuple crie,
Et contre le clergé comme il est en furie?
Car s'il veut profiter de son droit usuel,
De ses gros traitements et de son casuel,
Vous verrez tôt ou tard dans votre diocèse
Que des faits imprévus iront mal à votre aise,
Et que l'on parviendra plutôt que de céder,
A briser vos autels sans vous le demander :
Qu'on peut vous faire à vous comme on a fait au pape,
Qu'on regarde aujourd'hui comme le chien qui jappe ;
Car il ne s'agit pas de vouloir tout pour vous,
Le bon pour vos curés et le mauvais pour nous!
Vos abus ont monté jusqu'à l'extravagance,
Et ce n'est pas trop tôt qu'on en tire vengeance,
Vu que de vos couvents tout s'avance un peu trop,
Et qu'il faut de leur course arrêter le galop.
Puisque de votre joug tout le monde se lasse,
Il faut que pour chacun la juste part se fasse ;
Il faut que la morale entre dans vos discours,
Il faut que du latin vous bannissiez le cours,
Il faut des deux partis que l'on écrase l'autre,
Que le mien soit vainqueur ou que ce soit le vôtre,
Sans quoi ni moi ni vous nous ne verrons jamais

La France posséder une durable paix.
Car si de leur demande aucun ne veut rabattre,
Qu'ils persistent tous deux et qu'il faille se battre,
Qu'il en faille venir à la loi des plus forts,
Les villes et les bourgs regorgeront de morts.

 Veuillez donc consentir à ce que tout s'arrange,
Et que votre pouvoir se modifie et change.
Vous nous faites payer avant d'être au berceau,
Et cela se maintient jusques dans le tombeau.
Ainsi vous feriez bien d'être un peu moins sévère,
Afin de faire aimer votre illustre Saint-Père,
Et d'abolir au moins cette confession
Qui n'est aux yeux des grands qu'une confusion ;
D'ailleurs vous savez bien qu'on ne vous aime guère,
Ni vous ni votre clique, auteurs de cette guerre ;
En voulant maintenir au trône l'empereur
Qui n'a dans ce moment ni crédit ni valeur,
Pas plus que son cousin et pas plus que Bazaine,
Que l'on devrait tous trois envoyer à Cayenne,
Sur un tombereau sale entouré de buissons,
Condamnés pour toujours à servir les maçons ;
Ou s'ils trouvaient meilleurs quelques travaux semblables,
Vidangeurs, porte-faix ou bien valets d'étables,
Maquignons de brebis ou gardeurs de chevreaux,
Cela leur irait mieux que d'être généraux.

 Ainsi vous, Monseigneur, accordez quelque chose
A ce peuple irrité de ce que je proposé,
Sans quoi vous pourriez, ce que je vous prédis,
Causer du préjudice à votre paradis.

Le passé et le présent.
(1870)

J'entends dire à quelqu'un, au sujet de la guerre,
Que pour dompter le monde elle était nécessaire ;
Car on ne voyait plus dans toutes les maisons
Que reinages ou ris, que vogues ou chansons.
Depuis cinq ou six ans les moindres domestiques
Etaient des cafetiers les meilleures pratiques;
Et quand un mariage un peu grand se faisait,
Il fallait autant d'or que la femme pesait.
L'étoffe du pays n'était pas assez fine :
On ne voyait que soie, et tulle, et mousseline ;
Les travaux, il est vrai, marchaient rapidement,
L'argent surabondait bien plus qu'en ce moment,
Tout allait à grand train, mais aussi la dépense ;
Les modes et le luxe étaient sans connaissance.
J'ai dit que dans ce temps quand on se mariait
Si l'or n'abondait pas tout le monde en riait.
Il fallait des chevaux, des tilburys en route,
Puis dans cinq ou six mois l'on faisait banqueroute.
Le mauvais débiteur payait son créancier
En lui signant à terme un chiffon de papier.
Tel autre freluquet qui n'avait dans sa poche
Que cinq sous bien comptés, pourtant faisait bamboche,
Et tel qui pour coucher n'avait rien que du foin,
Montait un beau cheval sans en avoir besoin.
La femme quelquefois pour paraître à l'église,
Pour porter des rubans, se privait de chemise ;
Et le pauvre fumeur pour avoir du tabac,
Se laissait bien souvent dégarnir l'estomac.

Le valet cheminant à côté de son maître,
Etait à son habit difficile à connaître :
Mais tel était alors fier et rempli d'orgueil
Qui se voit maintenant plongé dans un grand deuil.

LE COMPLOT DE LA TOUSSAINT

(1870)

Oui, vous êtes un fou d'avoir peur et de croire
Capable le clergé d'une action si noire !
Car pour voir revenir la Saint-Barthélemy,
Il faudrait qu'il ne fût aucun fidèle ami.
Consultez la raison : est-ce que les grands hommes,
Evêques et curés, abbés et gentilshommes,
Permettraient aujourd'hui, vu leur instruction,
Aux peuples ignorants une telle action ?
Dans ce cas un mari massacrerait sa femme,
Un père ses enfants, sans pitié ni sans blâme !
Est-ce que deux amis fidèles et d'accord,
Pour la religion se donneraient la mort ?

Je ne dis pourtant pas que de mauvaises têtes,
Méchants, mal élevés (je veux dire des bêtes),
Que l'on nourrit de pain, n'eussent fait quelque bruit,
Qu'on a semé partout sans recueillir le fruit,
Et qu'ils n'eussent commis ce crime abominable,
S'ils avaient eu des chefs engendrés par le diable !
Mais le monde a changé, les vieux temps ne sont plus.
Ainsi tous ces complots ne sont que des abus.

Ceux qui font circuler ce bruit dans les campagnes
Devraient être envoyés pour quarante ans aux bagnes ;
Car le peuple toujours prompt à croire le mal
De quelques faux rapports critique son égal.

LA RÉPUBLIQUE
(1870)

On sait bien, dès longtemps, que Monsieur Chalamet,
Ci-devant avocat est devenu préfet.
Depuis que nous avons la République en France,
Le peuple souverain l'a pris pour sa défense.
D'un échelon à l'autre il a monté bien haut,
Mais il l'a mérité, c'est celui qu'il nous faut.
Car on l'aime, on l'estime, on fait plus, on l'adore,
Et tout jeune qu'il est il peut monter encore,
Pour, peut-être plus tard, démasquer les bigots
Qui depuis si longtemps ont causé tant de maux.
L'on a très bien choisi, c'est un bon démocrate
Qui raisonnablement vaincra l'aristocrate.
Il fera tant de bien dans son département,
Que tous applaudiront à son gouvernement.
La balance à la main il tiendra l'équilibre,
Et de chaque croyant le culte sera libre.
Il faut bien qu'il existe une religion,
Et plusieurs, si l'on veut, sans contestation.
Mais à tous ses abus il faut une réforme
Afin que du clergé le grand pouvoir s'endorme,
Et que dorénavant et pasteurs et curés,

Prélats et cardinaux de l'Etat séparés,
Soient payés plus ou moins chacun par sa commune,
Selon le bon vouloir ou selon la fortune,
Et qu'ainsi le trésor et le gouvernement
Guérissent tour à tour de leur épuisement.

Oui, Monsieur Chalamet par sa noble conduite
Nous ramènera l'ordre et la paix à sa suite.
Nous n'aurons plus besoin d'empereurs ni de rois ;
Il n'épargnera rien pour maintenir nos droits.
Et s'il peut abaisser le pouvoir fanatique,
Nous pourrons dire alors : Vive la République !

RÉPONSE A JE NE SAIS QUI
(1870)

Quel est ce lâche auteur qu'un vil orgueil anime,
Qui m'écrit bêtement cette lettre anonyme ?
Quelle raison a-t-il de ne pas s'annoncer,
Et comment peut-il donc jusques là s'abaisser ?
Car à qui donc répondre et comment me défendre
De cette lâcheté difficile à comprendre ?
Qu'il soit diable ou faux Dieu, pourvu qu'il soit mortel,
Qu'il m'attaque en présence, ou s'il veut, en duel.

Sans doute ce poltron qui se plaît à médire,
Se croit un vrai savant, sachant à peine écrire ;
Car rien n'imite mieux une chatte qu'un chat,
Et l'anonyme, enfin, n'est rien autre qu'un fat,
Un peureux, un méchant excité par le diable,
Grossier comme un pain d'orge autant que détestable,

Qui m'a fait soupçonner beaucoup d'honnêtes gens,
Ce qui mériterait la prison pour dix ans.

Il diffère de moi, car ce que je compose
Soit de bien, soit de mal, soit en vers, soit en prose,
Je ne le cache pas, et tout ce que je dis,
Je le signe toujours au bas de mes écrits.

Je sais bien que mes vers ne devraient pas se lire
A ces demi-savants qui ne font qu'en médire,
Qui n'en connaissent pas le sens ni la valeur,
Et pour en juger mal font critiquer l'auteur.
Mais que m'importe à moi si des gens raisonnables
Les lisent avec goût et les trouvent passables ?
Quoique les ignorants ne les trouvent pas bien,
Notamment les bigots, cela ne me fait rien.
Que l'on me montre au doigt ou que l'on me critique,
Qu'on me traite de fou, si ce n'est que la clique,
Puisque de vrais amis, qui ne sont pas flatteurs,
De Boffre, de Vernoux, de Lamastre et d'ailleurs,
M'honorent bien souvent d'une place à leur table,
Je veux tâcher toujours de leur être agréable ;
Et sans vouloir d'aucun me trop faire priser.
Si je pouvais au moins les immortaliser,
Je n'épargnerais rien ; tant que ma faible muse,
Toute simple qu'elle est, permettra que j'en use,
Malgré tous ces cafards, le reste de mes jours,
Ce que je penserai je le dirai toujours.
Si je fâche quelqu'un, souvent c'est qu'on m'irrite ;
Car je vante ou je mords selon qu'on le mérite ;
Je fais comme Boileau, *j'appelle un chat un chat*,
Badinguet un voleur, Bazaine un scélérat ;
Sur Trochu je me tais, on ne sait pas encore
Quel était son dessein ; quant à moi je l'ignore ;

Peut-être l'avenir me le découvrira,
Alors je lui dirai ce qu'il méritera.
Un général trahit aussi bien qu'un autre homme,
Comme le charlatan qui nous vante son baume,
Il prête le serment de se conduire bien
Pour entrer au pouvoir, et puis il ne fait rien.

CHANT PATRIOTIQUE

Air de la Marseillaise.

(1870)

Gardes mobiles de l'Ardèche,
Vous défendez très bien vos droits ;
Car on lit dans chaque dépêche
Le récit de tous vos exploits *(bis)*.
L'ennemi craint votre poursuite
Sans doute bien plus que l'enfer,
Puisqu'avec le plomb et le fer
Vous le mettez toujours en fuite.

Refrain :

Courage donc amis,
Montrez avec quel bois,
Partout, partout, sans reculer
Font feu les Ardéchois.

Craignez en tout l'aristocrate,
Méfiez-vous de ses discours,
Car toutes les fois qu'il vous flatte,
Ses projets vous nuisent toujours *(bis)*.

Au sujet de la politique
Méfiez-vous de ces cagots
Qui trament d'infâmes complots
Pour tuer notre République,
    Courage donc amis, etc.

Chantez d'un ton patriotique :
A bas pour toujours l'empereur !
Qu'il aille au diable avec sa clique
Faire son métier de voleur *(bis)*.
Et puisqu'il s'agit de combattre
Contre ces féroces Prussiens,
Afin de conserver nos biens,
Quoi qu'il en coûte il faut les battre.
    Courage donc amis, etc.

Volez sur le champ de bataille,
Et gravissez dans chaque fort ;
Ne craignez ni plomb ni mitraille,
Hasardez la gloire ou la mort *(bis)*.
De chacun la plaintive amante,
Qui pleurait de vous voir partir,
Rira de vous voir revenir
Après une si longue attente.
    Courage donc amis, etc,

LES ASPIRANTS AU TRONE

Si tous les d'Orléans, Bourbons et Bonapartes,
Enragés de régner, jouaient le trône aux cartes,
Et puis s'en tenaient là, je crois qu'ils feraient bien,
Sans quoi tous leurs projets ne vaudront jamais rien.
Il est dans ce moment trop de partis contraires
Qui voudraient usurper les places de leurs frères,
Et tant qu'ils tireront chacun de leur côté,
L'on ne verra jamais la France en sûreté.
Les uns sont Bourboniens, les autres Philippistes ;
D'autres par intérêt se font Bonapartistes,
Car l'intérêt partout, c'est un Dieu personnel,
Autant que du curé le droit du casuel.
Oui, l'intérêt fait tout dans le temps où nous sommes,
L'intérêt fait la loi pour la plupart des hommes
Et l'on sait que sans lui plusieurs ultramontains
Seraient en ce moment de bons républicains.
Cependant leur désir n'est pas la République ;
C'est un roi qu'ils voudraient pour maintenir leur clique,
Leurs traitements, leurs droits, leurs places et leurs rangs ;
Mais leur coup est manqué peut-être pour cent ans,
Car les républicains, unis, prudents et sages,
Réuniront toujours la plupart des suffrages,
Tandis qu'eux, divisés, chacun voulant pour soi,
Le nom de président tiendra celui de roi.

Enigme Populaire
(1870)

J'habite le milieu du Rhône,
Ainsi que celui de la Saône,
Et sans jamais quitter Lyon,
Je suis toujours dans l'Albion,
Je tiens deux places à Boulogne,
Et deux autres dans la Bourgogne;
Et sans sortir de la maison,
L'on me trouve dans la prison.
Enfin je suis membre de l'homme,
Je compose le quart de Rome :
Pourtant je ne suis qu'un zéro
Qui termine le domino.

N. B. — L'explication de cette énigme paraîtra dans la deuxième livraison.

Mes chers Compatriotes,

Puissiez-vous être satisfaits des produits sortis de mon cerveau, afin de m'encourager à faire paraître une seconde livraison contenant, savoir :

    1° Le Momien ;
    2° Sa réponse ;
    3° La Critique de la bible ;
    4° Le Pasteur d'Alboussières ;
    5° Le Jubilé ;
    6° La Guerre et la sécheresse ;
    7° L'Hypocrisie, etc., etc.

En attendant, j'ai l'honneur de vous saluer.

            DELARBRE aîné.

TABLE

Préface	3
Le naturel de mon jeune âge, 1835	5
La barbarie, 1840	7
La mendicité, 1844	9
Les mœurs et les vices, 1846	11
Epître à M. Genthial, notaire à Vernoux, 1850	13
Les Elections, 1850	15
Une aventure, 1852	16
A Monseigneur l'évêque de ***, 1870	19
Le passé et le présent, 1870	21
Le complot de la Toussaint, 1870	22
La République, 1870	23
Réponse à je ne sais qui, 1870	24
Chant patriotique, 1870	26
Les aspirants au trône	28
Enigme populaire, 1870	29

Valence, imprimerie Charles Chaléat.

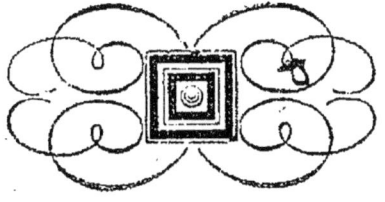

www.ingramcontent.com/pod-product-compliance
Lightning Source LLC
Chambersburg PA
CBHW060710050426
42451CB00010B/1372